AF240229

DES
SOCIÉTÉS PARTICULIÈRES,
TELLES QUE CLUBS,
RÉUNIONS, etc.

PAR ROEDERER.

———

A PARIS,

A L'IMPRIMERIE-DEMONVILLE,
rue Christine, n°. 12.

ET CHEZ LES MARCHANDS DE NOUVEAUTÉS.

———

AN SEPTIÈME.

(1799)

DES SOCIÉTÉS PARTICULIÈRES,

Telles que Clubs, Réunions, etc.

Les circonstances présentes, celles où nous allons très-probablement nous trouver, rendent très-importante une discussion qui a été souvent commencée, jamais approfondie, ni terminée, sur les caractères auxquels on peut reconnoître que des sociétés particulières sont utiles ou préjudiciables à l'intérêt public, conformes ou contraires à la constitution. Faute de cette discussion, nous sommes toujours dans l'alternative ou de voir naître des associations factieuses, à la faveur de la liberté des sociétés familières et d'amitié, ou de voir proscrire les sociétés familières et d'amitié, en haine des associations factieuses.

Dès l'an IV, le directoire a indiqué, par un message au corps législatif, la nécessité *de déterminer la nature des sociétés ou réunions politiques des citoyens autorisées par la constitution*; de fixer le nombre des membres dont elles peuvent être composées; de prescrire quelques règles, concernant les lieux et les heures de leurs séances; d'imposer des peines à ceux qui violeroient ou éluderoient les actes de l'autorité en vertu desquels la dissolution des sociétés auroit été opérée. Ce message a été renvoyé à une commission; cette commission n'a pas fait son rapport; les clubs ont été fermés, et comme la clôture absolue étoit une grande rigueur, ils se sont rétablis plus formidables que jamais.

Aujourd'hui un autre message réclame un réglement propre à préserver ces sociétés de l'influence de l'étranger. Tâchons de montrer les principes qui doivent guider dans cette matière; et évitons la nécessité de supprimer, de nouveau toute espèce de clubs, ou celle de les supporter tous.

La constitution renferme peu de dispositions sur ce sujet. L'article 360 rejette d'abord *toutes corporations ou associations contraires à l'ordre public*.

L'article 361 interdit à toute association le titre de *société populaire*.

L'article 362 défend à toute société qui s'occupera de questions politiques, de correspondre avec aucune autre, de s'affilier à elle, de tenir des séances publiques, composées de sociétaires et d'assistans distingués les uns des autres, d'imposer des conditions d'admission et d'éligibilité, de s'arroger des droits d'exclusion, enfin de faire porter à ses membres aucun signe extérieur d'association.

Voilà tout ce que renferme la constitution à l'égard des sociétés *de discussion politique*, que le message du directoire qualifie d'une manière inexacte, en les appelant *sociétés politiques*.

Ces articles suffiroient sans doute pour autoriser la clôture de toute réunion qui auroit tenu des séances publiques, et admis des assistans distingués des sociétaires, etc. En effet, l'art. 360 déterminant, comme on vient de le voir, qu'il ne *peut être formé* de corporation ni d'association contraires à l'ordre public, et les deux articles qui suivent ayant pour unique objet de rassembler quelques-unes des principales circonstances auxquelles on peut reconnoître qu'une corporation ou association est contraire à l'ordre public, le sens de l'article 361 est manifestement qu'*il ne peut être formé de société* de discussions politiques, tenant des séances publiques, etc. Par une conséquence nécessaire des deux articles ainsi entendus, toute société qui auroit commis une telle contravention , devroit être , non pas corrigée , amendée , reformée , mais *dissoute ;* car la loi disant qu'une telle institution ne *peut être formée* , prononce implicitement qu'elle ne doit pas *exister*, et qu'ainsi elle doit être supprimée , si malgré la loi elle avoit reçu l'existence.

Mais il y a loin de ces articles à l'institution d'une police suffisante ; ils laissent beaucoup à faire aux réglemens législatifs , ils ont besoin de développemens , d'explications et d'additions pour former un système de répression régulière et complette contre les abus des sociétés particulières.

1°. L'énumération des circonstances propres à rendre ces sociétés préjudiciables à l'ordre public est incomplète ;

2°. Entre celles de la loi , il en est de très-obscures.

3°. La loi manque de garantie faute de peine contre toute résistance à la dissolution légale des sociétés illicites ; ou contre toute entreprise ouverte ou déguisée pour leur rétablissement après leur dissolution.

Avant d'entrer dans des détails , essayons de fixer quelques principes sur la nature des *sociétés particulières de discussions politiques.*

C'est une conséquence immédiate et nécessaire de la liberté , que les citoyens puissent se réunir en société *de confiance et d'amitié pour converser* et s'instruire ensemble sur toute sorte de matières , et particulièrement sur leurs intérêts *sociaux et politiques.*

En général , on peut dire que le droit de former des *unions intimes* dans le vague de la société générale , procède du besoin d'un guide et d'un appui dans nos occupations de l'esprit , comme de protection et de sûreté dans nos actions extérieures ; du droit de cultiver l'amitié dans nous et dans les autres ; du droit de nous unir aux objets de notre affection ; du droit de nous instruire par les moyens les plus doux et les plus sûrs ; du droit de perfectionner nos facultés de jouir , ainsi que les moyens d'acquérir ou de conserver les objets propres à nos jouissances ; du droit de féconder notre raison et notre sensibilité l'une par l'autre ; en un mot, du droit de puiser l'instruction au sein de l'amitié , l'amitié au sein de l'instruction. Le double besoin de l'amitié et de l'instruction , est donc le lien qui unit les sociétés intimes : ces sociétés, qui dans l'ordre naturel , viennent immédiatement après les unions conjugales et domestiques , sont en quelque sorte les mariages des esprits divers , ou plutôt sont le rapprochement, en état de famille , des hommes déjà unis, par la parenté de l'esprit et du caractère , avant même de se connoître. Voilà ce que sont en général , et par leur essence , les sociétés intimes que la constitution et les lois , non-seulement autorisent et protégent , mais encore doivent respecter et servir.

Les sociétés de discussions politiques ne sont qu'une partie de ces sociétés , ne sont qu'un genre dans l'espèce. Si la loi les distingue des sociétés de discussions morales ou littéraires , c'est moins à cause de l'importance des objets qui les occupent, que parce que ces sociétés de discussions politiques confinent en quelque sorte aux corporations politiques par la pensée ; et que la pensée conduit naturellement à l'action. L'action ne pouvant appartenir qu'aux institutions publiques , il a été nécessaire de poser entre la pensée des sociétés privées et l'action , une barrière qui rende invinciblement celle-ci impossible à l'autre.

Avant de déduire les conséquences qui naissent du principe, et de parler des caractères particuliers auxquels la loi peut reconnoître des sociétés intimes , repoussons les fausses idées qui se sont répandues sur le but des sociétés de discussions politiques.

Nous avons dit ce qu'elles sont essentiellement. Voyons avant d'aller plus loin ce qu'elles ne sont pas.

On a dit long-tems que leur but étoit de surveiller, d'inspecter, de censurer, de dénoncer, d'éclairer les autorités constituées, de défendre près d'elles ou contre elles les citoyens qui avoient à s'en plaindre, d'être les organes du peuple près de ses représentans et du gouvernement, et des représentans ou du gouvernement près du peuple.

Il y a dans tout cela autant d'absurdités que de mots. Tout ce qu'on attribue par ces paroles aux sociétés particulières, sont ou des *fonctions* publiques , des *actes* de magistrature , ou l'exercice de droits individuels.

Censurer, dénoncer , éclairer les fonctionnaires publics , c'est l'office de la presse , de la parole , des pétitions ; mais l'usage de la presse , de la parole , des pétitions , sont des droits individuels , qui ne peuvent s'exercer que sous la responsabilité individuelle. *Inspecter, surveiller,* sont des actes d'un pouvoir supérieur et constitué. C'est *veiller* qui est le droit de l'individu ; mais *surveiller,* c'est-à-dire , veiller de haut , de plus haut que ce sur quoi l'on veille , mais *inspecter,* c'est-à-dire , regarder de haut aussi , jusques *dans* le fond des affaires publiques , c'est le partage de l'autorité. *Protéger* les citoyens contre l'autorité, c'est l'affaire des autorités supérieures ; ou si c'est contre l'autorité supérieure qu'il faille protéger , c'est vers la société entière , c'est vers la nation , mais vers elle seule , qu'est ouvert un recours à l'opprimé. S'il vous falloit des sociétés nombreuses, pour prévenir les attentats d'un gouvernement dont les chefs sont nommés par le peuple , sont soumis aux lois du peuple dans tous les actes de leur pouvoir , je demande comment vous feriez ensuite pour prévenir les attentats de cette société elle-même, qui, formée sans autres règles que les siennes, sans autres suffrages que ceux de ses membres, sans autre frein que celui qu'elle se donneroit, sans autre direction que ses caprices, pourroit à chaque instant employer la force qui lui auroit été donnée, à protéger l'individu contre le pouvoir ou le pouvoir contre les individus, et qui, supérieure par conséquent aux uns et aux autres, pourroit bientôt les opprimer tous?

L'injure la plus grave qu'on puisse faire à un gouvernement libre, c'est d'y supposer la nécessité des sociétés particulières pour la *protection* individuelle. « On n'a besoin d'être protégé par les sociétés partielles que là où la société générale ne protége point ; on n'a besoin de *confrères* pour la sûreté, que là où l'on n'a pas de *concitoyens*. On n'a besoin de se mettre en force pour repousser la force publique, que là où l'exercice de la force publique n'est ordinairement qu'une violence légale ; ce n'est que dans les pays où les grands chemins ne sont pas sûrs, que les voyageurs se réunissent en caravanes ». *Chamfort.*

Ressaisissons donc le principe à travers les nuages dans lesquels il a été si long-tems enveloppé, et répétons :

Que dans la société générale, il ne peut exister de sociétés particulières que pour deux avantages inséparables l'un de l'autre, celui d'acquérir *l'instruction au sein de l'amitié,* celui de goûter *l'amitié au sein de l'instruction.*

Dans ce peu de mots se trouvent renfermées toutes les conditions qui caractérisent les sociétés intimes de discussions auxquelles la loi doit sûreté et protection, et les distinguent de celles qui méritent sa réprobation. C'est de ce principe que découlent et les dispositions de

la loi constitutionnelle, et d'autres encore qui y sont
omises.

Et d'abord, il en résulte la réprobation du titre de
société populaire; car ou ce titre veut dire société *du
peuple*, et alors il ne convient qu'au corps du peuple
même, c'est-à-dire à la nation; ou bien il veut dire
société *amie du peuple*; mais le peuple s'est donné,
dans les corporations qu'il a instituées pour son usage,
les seules associations qu'il veuille avouer comme *amies*
de ses droits; ou bien enfin on entend par cette qua-
lification une *société* de gens d'une certaine classe du
peuple, se prétendant plus peuple que le reste, et
attachant un droit particulier à une certaine naissance;
alors les *sociétés populaires* sont la renaissance et la
consécration d'un patriciat nouveau, d'un patriciat spo-
liateur par besoin, comme l'autre l'étoit par habitude,
et cruel par ignorance, comme l'autre l'étoit par cor-
ruption. Dans aucune de ces acceptions, on ne peut
donc regarder les *sociétés populaires* comme des associations intimes d'amitié et d'instruction.

C'est sur le même principe que la loi défend aux
sociétés de discussions politiques de correspondre avec
aucune autre, de s'affilier à elle, de faire porter à ses
membres des signes extérieursd'association. Toutes ces
choses sont des actes physiques, des actes extérieurs.
Or, l'action n'appartient pas aux sociétés d'amitié et
d'instruction. De telles sociétés ne peuvent produire que
des avantages intellectuels et moraux; n'unissent que
des esprits et des cœurs; elles n'ont, si on peut le dire,
ni bras ni jambes. C'est aux corporations politiques
qu'est réservé l'action; ce sont elles seules qui ont le
maniement des affaires, qui ont l'administration des
choses publiques, qui ont des *mains* à mettre à l'œuvre:
car l'idée primitive renfermée dans le mot *administration*

est celle de *mains*, *manus*, employées à la chose publique. Écrire, correspondre, entretenir des affiliations,
sont des actes non-seulement extérieurs, incompatibles
avec une existence essentiellement *paralytique*, mais
encore des actes étrangers *à l'amitié* et *à l'instruction*
puisée dans l'amitié, puisque l'amitié ne peut exister
de corporation à corporation, de société à société, et
qu'il est déjà assez difficile de la rencontrer d'individu
à individu.

C'est sur ce même principe que la loi défend aux
sociétés de discussions, de tenir des séances publiques
composées de sociétaires et d'assistans distingués les uns
des autres. Outre les dangers d'une pareille institution
pour la tranquillité publique, outre l'inconvénient qu'elle
auroit de présenter à des factieux ou à des intrigans
des facilités pour se former des partis, d'offrir aux orateurs vains des auditoires à flatter au préjudice de la
vérité et de la justice, d'imposer aux orateurs foibles
ou timides la crainte des mépris ou des injustices pour
des avis sensés, la loi a considéré que la présence d'é-
trangers à des discussions d'amitié et de confiance,
éteignoit nécessairement l'une et l'autre ; que des sociétés d'instruction et d'amitié avoient besoin de recueil-
lement et d'intimité pour remplir leur objet. Et en effet
on ne se donne point en spectacle quand on veut jouir
de soi et de ses amis. Pour de telles jouissances, la raison
et le cœur disent toujours d'éviter avec un égal soin
les distractions de la vanité, les embarras de la modes-
tie, et la contrainte de la timidité.

C'est en vertu des mêmes principes que la loi défend
aux sociétés *d'imposer des conditions d'admission et*
d'éligibilité, et de s'arroger des droits d'exclusion.
Mais cette disposition a besoin d'être expliquée : le sens
n'en est pas clair.

Il paroîtroit à une lecture isolée de cette disposition que des sociétés de discussions politiques devroient être ouvertes à tout le monde, et que nul ne pourroit en être exclus, y ayant été une fois admis.

Cependant il est manifeste que telle n'est point l'intention de la loi, car elle seroit en contradiction avec elle-même : que seroit-ce en effet qu'une société dont tout citoyen pourroit être membre ? Ce seroit une société populaire, ce seroit le peuple entier ; ce seroit le corps social. Et comment pourroit se tenir la séance d'une telle société ? Sur la place publique sans doute, et elle seroit encore impossible dans une enceinte si bornée. Mais la loi défend et les *assemblées populaires* sous le nom de rassemblemens, et mêmes les *sociétés populaires* ; donc le sens qu'offre la disposition dont il s'agit, considérée séparément du reste de la loi, n'est pas son véritable sens.

Observons d'ailleurs que le principe des sociétés de discussion seroit directement blessé par une loi qui les obligeroit à se composer d'un nombre illimité de membres. Dans un assemblage d'hommes ainsi formé, on ne pourroit voir une *société*, mais uniquement une réunion d'étrangers, d'indifférens, d'inconnus ; trop heureux encore de n'y pas voir habituellement un rendez-vous d'ennemis pour des combats meurtriers et opiniâtres, ou au moins pour de scandaleux pugilats.

Il nous paroît nécessaire pour une société d'amitié et d'instruction, que chaque associé y soit du consentement de tous les autres. Il faut une confiance mutuelle, une communication sans réserve dans une association particulière, pour qu'elle ait quelqu'avantage sur la communication des citoyens entr'eux par la voie de la presse, et les autres moyens offerts par la société générale. L'essence de toute société est d'être composée du consentement de tous ses membres ; je dis de *toute société*, depuis la grande société nationale, jusqu'aux plus petites sociétés de commerce : le pacte social, dit Rousseau, exige le consentement de tous les associés. C'est d'ailleurs un principe d'éternelle évidence en droit, lequel n'a jamais été méconnu dans les tribunaux, que nul ne peut être tenu de former ou de maintenir une société d'intérêt quand il ne le veut pas. Ce qui est de principe pour les sociétés politiques ou pour les sociétés d'affaires, peut-il ne pas l'être pour des sociétés d'amitié et de confiance ?

Il seroit d'ailleurs d'un danger éminent qu'une société particulière pût être composée d'hommes qui n'auroient pour leur admission que le vœu de la majorité des membres. Dans toute société où l'adoption unanime n'est pas nécessaire, l'ambition, la vanité ont trop beau jeu pour y former bientôt deux partis. Dès qu'il y a deux partis, les réceptions ne se font bientôt qu'au gré du plus nombreux. C'est un bataillon qui prend soin de se renforcer, et non plus des amis qui admettent d'autres amis à une douce union. La minorité est bientôt forcée à la retraite ; et à peine la majorité est-elle la maîtresse absolue du terrein, que l'ambition, la vanité, l'intrigue forment deux nouveaux partis qui recommencent la même guerre et dont l'un élimine l'autre. Voulez-vous que des factieux ne puissent jamais spéculer sur les sociétés particulières : faites qu'ils ne puissent trouver, si on peut le dire, aucun *joint* pour s'y introduire.

Quel sens faut-il donc attacher au texte de la loi ? C'est nécessairement celui-ci : Nulle société ne pourra exiger de conditions *politiques ou civiles*, pour admettre des membres dans son sein ; et ne pourra prononcer

d'exclusions *sous des prétextes tirés d'un certain état,
d'une certaine condition politique ou civile.* Cela veut
dire qu'il ne pourra être exigé un certain état ou un
certain titre politique ou civil pour être membre d'un
club , et qu'aucun titre pareil ne pourra en faire re-
jeter.

Rien de plus sage que la loi ainsi interprétée. Il en
résulte entr'autres conséquences utiles, que comme les
sociétés populaires ne doivent pas s'ériger en corporations, de même il ne doit pas s'en former dans les
corporations existantes. Que seroit-ce en effet que des
sociétés dans des corporations , que seroit-ce que des
sociétés privées entre quelques-uns des membres réunis
par la loi pour exercer en commun une fonction publique ? Ce ne seroit autre chose qu'une faction dans la
corporation ; car la loi ayant uni tous les membres de
cette corporation par un lien égal , pour une communication égale, dans un service commun et égal , il ne
peut être nécessaire à quelques-uns de se former en
société particulière que pour leurs vues personnelles ,
et y amener leurs collègues. Aggrégés par une nomi-
nation dans laquelle leurs affections mutuelles n'ont pas
été consultées, ce ne peut pas être par une affection inti-
me qu'ils contractent une société particulière au sein de
la corporation dont ils sont membres. Disons donc que
comme il ne peut se former de corporations spontanées
au sein de la grande société, il ne peut non plus se
former de petites sociétés au sein d'une corporation
constituée.

Il seroit donc nécessaire que la partie de la loi dont
nous parlons fût rédigée avec plus de précision pour
mieux marquer son but, et il conviendroit qu'on y ajou-
tât une disposition qui désigneroit entre les conditions
auxquelles la loi reconnoît une société particulière digne

de la protection publique, cette condition essentielle que chaque membre auroit besoin pour y être, du consentement de tous les autres.

Nous venons de voir comment le principe motive les dispositions de la loi constitutionnelle ; voyons maintenant s'il n'en demande pas d'autres encore.

Il est sensible que la loi n'a pas assez fait pour la sûreté publique ni pour celle du principe, en défendant seulement les affiliations, correspondances et signes extérieurs. Ces dispositions isolées sont illusoires. Que sert de défendre la correspondance épistolaire entre les sociétés, si elles peuvent s'entendre par la voie d'un journal, avoué par elles, et où elles feront insérer leurs délibérations ? Que sert de leur défendre les signes extérieurs, si elles peuvent se former d'une si grande masse d'hommes qu'elles ayent toute la force nécessaire pour fouler aux pieds et la défense et le magistrat ?

Il est nécessaire que la loi, d'accord avec le principe, et en quelque sorte sous sa dictée, 1°. limite le nombre des associés ; 2°. leur interdise toute résolution et toute délibération, si ce n'est sur les affaires domestiques de la société.

Quand il n'y aura point de résolution, point de délibération, point de vœu collectif, il n'y aura pas matière à correspondance, il n'y aura pas d'objet d'affiliation, il n'y aura donc ni correspondance ni affiliation.

Quand le nombre sera borné à celui que l'intérêt de l'amitié suppose, et que la facilité de la conversation permet, c'est-à-dire à 40 ou 50 membres, on n'aura à craindre ni l'influence de ces sociétés sur les pouvoirs politiques, ni le trouble de l'ordre social.

Daignez considérer l'importance de ces deux mesures, et d'abord celle de la limitation du nombre.

Il est évident qu'une société fondée sur l'amitié et l'instruction ne doit pas être si nombreuse que ses membres ne puissent se connoître et converser familièrement entr'eux. C'est une dérision à l'amitié de parler de société de deux ou trois mille, ou même de deux ou trois cens amis. Qu'en auroient pensé les Grecs, eux qui avoient de si douces unions pour cultiver leur raison et leur ame? Qu'en auroit dit Socrate qui trouvoit si grande pour l'amitié cette maison que l'indifférence trouvoit trop petite? C'est aussi un étrange moyen de conversation ou de discussion, que de s'assembler en cohue, sur-tout dans un pays tel que la France, où le mérite d'écouter n'est pas moins rare que celui de bien parler ; où la légèreté porte toujours à refuser aux autres son attention et la vanité à l'exiger pour soi ; où le parlage gâte toujours la conversation, et où l'impétuosité et la brusquerie d'interruptions multipliées vangent seules du vain parlage !

Observez d'ailleurs que dans une société de 40 membres, il y a moins de tems perdu en mouvemens irréguliers ou désordonnés, et en manutention de police, que dans une plus nombreuse. D'ailleurs une foule de gens raisonnables et éclairés que leur timidité ou la foiblesse de leur voix empêche de parler dans une grande multitude, parleront dans une société peu nombreuse. Ceux qui voudront écouter, seront moins distraits et moins susceptibles d'un funeste entraînement. Enfin les opinions seront plus libres, étant affranchies de cette complaisance trop souvent servile, à laquelle les orateurs s'abandonnent envers un nombreux auditoire qui ne les influence pas moins qu'ils ne l'influencent eux-mêmes.

La limitation du nombre des associés à 40 seroit une institution plus populaire que l'autorisation des sociétés illimitées ; parce qu'elle favoriseroit la multiplication des petites sociétés , et que rien n'est plus favo-rable à la formation de l'esprit public , et à la propa-gation des connoissances utiles , que la *grande multipli-cation des petites sociétés.*

La limitation du nombre des associés empêche la formation de l'esprit de corps, de secte , de confrairie , de l'esprit de société privée dans la société générale ; de l'esprit de famille dans l'esprit social. Dans une so-ciété nombreuse , l'esprit s'habitue aisément à y placer une confiance exclusive, à y chercher de l'appui , de la protection , à se passer de la bienveillance de la so-ciété générale , à se défier et se mettre en garde contre elle ; et même il s'enhardit facilement jusqu'à se dé-clarer contre elle et la braver.

Telles sont les observations d'après lesquelles nous nous croyons en droit de conclure que la loi ne doit reconnoître comme sociétés de discussions politiques que celles dont les associés n'excéderont pas le nombre de 40 ou 50.

Maintenant j'établis l'utilité de la proposition que j'ai faite d'interdire aux sociétés tout arrêté , délibé-ration ou vœu collectif.

D'abord l'essence des sociétés d'amitié et d'instruc-tion est incompatible avec la formation de vœux collectifs en matière politique, et sur-tout dans des tems d'agitation.

En effet, la formation d'une opinion collective seroit une véritable interdiction des opinions individuelles des associés. S'il y a une opinion de la majorité , et qu'elle soit bien constatée et scellée de son sceau, l'opinion de la minorité est par cela seul, marquée d'une sorte de répro-bation. Ceux qui partagent cette dernière ont toujours quelqu'humiliation à craindre , peut-être quelque dan-ger plus grave à courir , pour n'avoir pas été de l'avis général ; d'ailleurs chacun répugne à changer d'avis malgré des lumières nouvelles, dès que son avis a une fois été compté. On craint les reproches de variation et d'inconsistance ; et ainsi la liberté souffre au sein même d'une réunion qui devoit être son sanctuaire.

Non seulement la formation d'une opinion collective dans les sociétés patriotiques, est une tyrannie exercée sur les opinions de leurs membres, mais encore c'en est une exercée sur l'opinion publique, qui ne peut se composer que de la majorité des opinions individuelles des citoyens, et ne peut naître que d'une manière silentieuse, et spontanée, au sein des lumières et de la liberté. Des opinions de confrairies, de sectes, de parti, parviendront sans peine à étouffer celle-ci, et à l'empêcher de se produire, si des sociétés ont le droit d'émettre leur vœu avec éclat et autorité.

Mais à cet égard un seul mot prévient toute objection. C'est qu'interdire, comme nous l'avons dit, la délibération aux sociétés, c'est prévenir toute coalition entr'elles, toute affiliation, toute correspondance, toute entreprise sur les autorités constituées, toute opposition au gouvernement, toute manœuvre factieuse ou séditieuse. C'est faire presque d'un mot ce que cent autres articles de décrets ne réussiroient point à faire.

En Angleterre, en Suisse, dans les villes libres de l'Allemagne, il existe des cotteries, cercles ou sociétés du genre de celles dont il s'agit. A la vérité leur nombre excéde quelquefois celui de 50, mais c'est que les lieux de rassemblemens sont ouverts tout le long du jour, que chacun y vient à l'heure qui lui convient, que tous les associés ne s'y trouvent jamais ensemble, que la discussion n'y est jamais générale et à jour fixe. Mais il est sans exemple au monde qu'il y ait des sociétés particulières et non constituées de discussions politiques, à heures fixes et régulières, et communes à plus de 50 membres.

Rousseau, dans sa lettre à d'Alembert, sur *Genève*, expose très en détail tous les avantages que la république tire des clubs ou *cercles* qui y sont établis, et fait bien connoître leur nature.

Ces honnêtes et innocentes institutions, dit-il, *rassemblent tout ce qui peut contribuer à former dans les hommes des amis, des citoyens, des soldats, et par conséquent tout ce qui convient le mieux à un peuple libre.* Notez bien ces paroles, et cherchez ensuite dans l'ouvrage, si on délibère et si l'on prend des arrêtés dans ces cercles qui produisent de si bons effets, et s'ils sont composés de plusieurs milliers de citoyens ; lisez, et vous verrez qu'on s'y borne *à jouer, à boire, à fumer, à causer, à lire, à se livrer à des conversations graves et sérieuses, dont la patrie et la vertu sont les principaux sujets. . . . et que ces sociétés sont composées de* DOUZE OU QUINZE PERSONNES.

Aux conseils de la raison éternelle se joignent ici les sollicitations des circonstances, ou plutôt leurs menaces impérieuses.

Nous avons à considérer les sociétés particulières, non-seulement en elles-mêmes ou dans leurs rapports avec les gouvernemens quels qu'ils soient, mais encore dans leurs rapports avec une république, et une république au berceau.

Les factions sont la maladie, non pas nécessaire mais ordinaire, des républiques. Sous un gouvernement tyrannique une société populaire n'est qu'un parti lié pour le salut public, et un parti honorable pour ceux qui y entrent. Mais sous une république, une telle société n'est qu'une faction organisée, et ne peut pas être autre chose. Ce qui est de sa nature un grand instrument de révolution, est par cela même un obstacle à toute constitution. Ce qui de sa nature tend à détruire et à renverser , est un grand danger , là où il ne faut que conserver et vivifier.

On ne contestera pas sans doute que le propre des sociétés populaires ne soit de détruire. « Une association , d'une part politique , de l'autre sans autorité , tend par le besoin d'activité inséparable de tout ce qui a vie et force , à s'en procurer une , et ne trouvant à s'exercer sur rien hors d'elle-même , parce que l'organisation publique ne lui laisse rien à faire , ce n'est qu'en désorganisant qu'elle peut produire une action «.

C'est sur-tout à la naissance d'une république , que le danger des factions est imminent. C'est déja un assez grand péril pour elle que ces mécontentemens répandus dans tant d'ames corrompues , à la suite de changemens utiles. Faut-il favoriser leur réunion , leur fermentation , leur association ? Faut-il mettre en armée ce que les hasards de la société tiennent dispersé ? Faut-il mettre en masse des forces meurtrieres heureusement inertes par leur isolement ? Quelle politique seroit-ce donc que de composer à plaisir les moyens de sa propre destruction ?

Et ce n'est pas seulement de la tranquillité de la république qu'il s'agit en ce moment , c'est du salut de la liberté. Ignorez-vous que ce grand levier des révolutions remue et retourne le corps politique , non pas au gré du peuple lui-même , mais au gré du premier ambitieux qui sait s'en s'aisir

Ce fut un grand club présidé dans le principe par Cromwel et le chevalier Vanes , qui ébranla et fit tomber la royauté héréditaire de Londres ; mais ce même club fonda ensuite la tyrannie de Cromwel.

Ce furent de même les jacobins qui renversèrent la royauté en France , et qui la rétablirent ensuite pour Robespierre et ses dignes satellites.

Législateurs, premiers magistrats de la république, mettez fin aux inquiétudes que de si affreux souvenirs font renaître sans cesse. Donnez à la nation le seul bien qu'il dépend de vous de lui assurer en ce moment, l'espérance d'un bonheur prochain, la sécurité sur l'existence présente.

Fermez toute société qui est contrevenue à la constitution; développez avec clarté l'article de la constitution qui défend les conditions d'admission et les titres d'exclusion. Ajoutez aux dispositions constitutionnelles : que la loi ne reconnoît pour société particulière *de discussions politiques*, que celle dont chaque membre est du choix de tous les autres, dont le nombre des membres n'excède pas cinquante, et dont les discussions, toujours libres, ne donnent lieu à aucune délibération, vote, ou opinion collective: Prononcez la dissolution de toute société qui sortiroit de ces termes ; et enfin que tout rassemblement qui se reformeroit après sa dissolution légale, soit traité comme rassemblement séditieux.